LE

POURQUOI D'UN BUSTE

PAR

M. A. NARDINI

ARCHITECTE

BASTIA
Imprimerie Lithographie Gibert

1889

LE POURQUOI D'UN BUSTE

Au public bastiais déplairait-il de lire ces quelques lignes ?

Un philosophe grec disait :

« Chaque moyen de rectifier l'esprit, paraît » devoir être très affectionné par les dieux ! »

Hé ! oui, rectifions notre esprit : un projet de monument devient beau à force de le corriger, de le rectifier ; et, à force de recomposer et d'effacer les erreurs qui s'y glissent d'abord et sont aperçues ensuite par l'artiste bienfaiteur.

Courage, citoyens ! Sous forme de lettre, aidons-nous puissamment à méditer ce que peut et ce que doit vouloir le peuple français qui est fort et sait ce qu'il vaut !

A. NARDINI

BASTIA
Imprimerie Lithographie Gibert

1889

Mon très-cher César,

J'apprends, avec douleur, que, bien que tu me remercies de la bonne intention que j'ai eue, d'avoir pensé à ton illustre père, tu t'opposes, néanmoins, à ce que son buste soit placé sur le motif d'angle, expressément créé pour lui, sur l'une des faces de ma bâtisse en construction.

J'avais promis, à ta bonne mère de l'aller voir, et, pour ne point l'affliger d'une insistance, je n'ai pas encore osé le faire. Mais, ce que je n'ose pas, vis-à-vis de la veuve, je puis le faire, avec force, auprès de l'enfant qui me comprendra et appréciera, avec amour, le but inspiré de ma détermination.

Lorsque je pensais à ton père, je pensais, il est vrai, quelque peu à l'ami ; mais je te l'affirme, dans cette ovation, tu étais en dernière ligne. Un sentiment plus élevé me préoccupait; j'ose en requérir le partage.

La patrie, mon cher ami, est ce que nous avons de plus sacré ; les hommes, pénétrés de cet amour, ont toujours eu le bonheur de chanter leurs héros qui, pleins d'ardeur et de dévouement, se sont immolés à la gloire, à l'honneur. Aujourd'hui, nous semblons oublier ce point capital de notre existence, et, cependant nous devrions en faire l'objet constant de nos méditations. Nos descendants, fiers de la vertu de leurs prédécesseurs, porteront bien haut, dans leurs cœurs, ce sentiment d'abnégation et de devoir que nous devons à la patrie.

Comme je le dis, quelque part, si j'avais été poète j'aurais chanté ton père ; mais, n'étant qu'un tout petit architecte, j'ai voulu, dans mes faibles moyens, employer mon art à la glorification de celui qui, fils de notre ville, mourut pour son drapeau !

Tu me diras, peut-être, que ton père, n'étant pas encore entré dans le domaine de l'opinion publique, ne m'appartenait pas, et que je n'avais pas à abuser de son nom. Ceci est vrai ; mais de quelle façon, dis-moi, un homme peut-il entrer dans le domaine public, si ce n'est par le témoignage éclatant d'estime que les citoyens s'efforcent de donner à son nom ?

Ecoute, je ne pense pas que des considérations de modestie puissent te retenir. Certes, ton père méritait un hommage bien plus éclatant, (celui d'un particulier étant à dédaigner ; oh ! ne me méprise pas !) Le public viendra ! et, cet effort que je fais, j'ose l'espérer, en sera le prélude, Oh ! nous en avons bien d'autres à récompenser de notre reconnaissance ! Aujourd'hui, c'est un colonel que nous honorons ! Demain, ce sera le tour d'un caporal ou d'un sergent. Les grands et les petits doivent être tous grands ! Sans doute ! et les récompenser de notre admiration, c'est engager ceux qui vont venir, à en poursuivre les traces. C'est alors que ce refrain pénètrera mieux dans nos âmes, parce que nous connaîtrons mieux nos héros :

Allons, entrons dans la carrière,
Où nos aînés ont bien vécus !......

Ainsi donc, si tu as des susceptibilités, du genre de celles que je viens de mentionner, arrache-les de ton cœur et regarde bien en face quel est en ce moment-ci, puisque les circonstances te l'imposent, le devoir que tu me dois :

Ta carrière de soldat te fera comprendre que l'honneur n'est pas seulement d'être citoyen muet, mais aussi citoyen actif.

Il est beau, que, vous autres militaires, vous travailliez,

à la force matérielle du pays, dans le silence, tranquilles, muets, sans plaintes comme sans murmures, respectueux et soumis à la discipline ; Mais, nous autres artistes, peintres et sculpteurs, architectes et poëtes, nous ne pouvons pas travailler dans ces mêmes conditions. Nous devons retirer de l'ombre, ces héros qui, dans l'obéissance, stoïquement, bravement se sont immolés, nous devons, dis-je, avec bonheur, les faire surgir, les faire revivre avec nous, les ressusciter, en un mot ! et leur donner, avec les accents qu'ils méritent, la bénédiction citoyenne ! et les faire passer, ainsi, à la postérité.

J'espère que tu m'as compris, et que nous sommes d'accord.

Tu sais, mon cher César, les tristes vicissitudes que nous avons subies, en ces années maudites de 1870-1871. Une larme couvre encore cette plaie ! elle ne doit se sécher que lorsque la patrie victorieuse aura repris sa revanche sur l'ennemi arrogant. Son talon nous pèse lourdement sur la poitrine ! Ne vois-tu pas, que de fois il se rit de la blessure cruelle que nous portons au fond du cœur !

O, ma patrie ! O, ma France ! que ne ferais-je pour t'être utile ! Où sont tes vertus ! où est la grandeur ? — Elles sont foulées aux pieds par l'ennemi railleur, insolent et barbare, par la sauvagerie Prussienne ! Relève ton front radieux. O, mon pays ! il en est temps : Aujourd'hui, parce que simple particulier, ne valant rien à leurs yeux, je veux honorer l'un de tes enfants, à qui tu es fière d'avoir donné le jour, on m'en empêche, avec des mots flateurs ou de politesse, comme si ces mots étaient un beaume de consolation pour mon cœur !

Oui, César, telle est l'idée ! La revanche est là, palpitante, atroce ! Que le peuple Français ne s'émeuve pas ;

qu'il l'envisage sans effroi et qu'il se prépare hardiment et sans hésitation ; qu'il utilise tous les moyens que la science enfante chaque jour.

N'ayons point peur ! La France travaille ; elle revient intrépide !

Vous autres militaires, vous travaillez tacitement, sans bruit. Ayez toutes les capacités pour bien nous mener au combat ; et nous autres artistes, petits et grands travaillons à cette œuvre commune de préparation morale et matérielle, deux forces qui fortement unies font les prodiges et les plus hauts exploits ! Réunissons-nous dans un seul but : la grandeur du pays !

Penses-tu peut-être, que je doive reculer devant cette idée, devant cet effort isolé qui peut devenir l'éffort de tous ! Ah ! jamais, mon ami !

Tu ne saurais jamais trop croire à quoi mon cœur aspire ? Je voudrais, si l'on m'écoutait, que tous, propriétaires, riches et pauvres, hommes et femmes, jeunes filles et garçons, au lieu de les voir dépenser leur argent en futilité de luxe et de parade, fussent tellement pleins de l'idée patriote, qu'ils dépensassent, ce même argent, en grands et petits monuments disséminés partout : dans les rues, dans les places, dans l'intérieur des maisons, et sur leurs bijoux où il y aurait peint ou sculpté l'image de nos frères et de nos amis, de tous ceux enfin qui sont morts pour la patrie. Et tout ceci, par amour de la revanche et de la splendeur nationale !

Je voudrais, mon ami, voir ce mouvement tellement irrésistible, tellement grand, tellement unanime que les plus indifférents soient extraordinairement surpris, se trouvant englobés dans ce vaste mouvement de nos revendications nationales, qu'ils en éprouvassent, malgré eux, l'entraînement, les transports, l'élan enthousiaste, qu'ils s'émerveillassent eux-mêmes, après l'action accomplie et la victoire, qui ne peut échapper à la France et à la civilisation, de leurs propres actions.

Les Prussiens, dans leur haine contre nous, étudient, toutes les ruses pour abattre nos courages, et pour nous faire dévier du droit chemin qui nous honore depuis quelques années. Soit qu'ils nous montrent leur alliance colossale, soit qu'ils nous en menacent, ils jouent un rôle dont les peuples, leurs alliés, auront à se repentir, sous peu. L'égoïsme de ce peuple est nettement le caractère qui le distingue des autres races ; il court droit à la spoliation, s'il n'est arrêté dans cet égarement.

Que l'Autriche se méfie ! Que l'Italie se ravise !

Ce n'est pas en servant les Teutons, O Italiens ! que vous redeviendrez la puissance aimée que nous avions à vénérer ! Prenez garde aux cajoleries de la force qui prime le droit ! Que la France veuille ou non votre reconnaissance, il vous sied mal de vous prostituer devant la botte Teutone, prête à vous prendre de revers sitôt le moment venu.

O pays ! d'où moi-même, je tire mon sang ! berceau des amours graves ! vous voir la main dans la main, avec le Prussien !

Notre objectif Prussien fait peur à la Prusse ; et, pour nous faire dévier, elle nous encourageait un jour dans l'objectif Tonkinois ; aujourd'hui elle nous donne l'objectif italien. Elle sème ce qui l'effraie. L'honorable Crispi dans les bras de Bismarck : M. Crispi, établissant contre la France un courant de haine, dans son propre pays, fait pour ne pas le rassurer lui-même !

Dans cette bagarre son roi perdrait ce qu'il aime le plus. Sa clairvoyance, par conséquent, fera un juste retour, et saura carrément, lui faire abandonner la voie où il s'est bénévolement fourvoyé.

O roi, vous fils de Victor-Emmanuel — je ne veux pas vous donner une leçon — mais si votre vertu est à la hauteur de votre tâche, souhaitez votre mort et la mort de tous les vôtres, plutôt que de déchainer la haine, entre deux peuples, bien faits pour s'entendre !

Point de mal-entendu ! rapprochons-nous, français et italiens ! Alerte ! La civilisation va soutenir un assaut formidable, tel qu'assaut nous n'aurons jamais vu ! Hé quoi ! voudriez-vous ne pas être des nôtres ? Vous ne le ferez pas ! à la dernière heure, vous serez de notre partie : vous serez encore la nation du beau, des vives et saines lumières.

La politique de la France qui, d'après un fameux discours, est expectante, doit être agissante aujourd'hui.

L'humiliation subie, depuis 1870, doit être relevée maintenant. Les peuples ne doivent plus souffrir l'arrogance d'une nation qui, sous le prétexte de paix européenne, se déclare maîtresse de tous, et, a pour désir l'annihilition de chacun.

C'est pour cela que la France doit agir. Elle doit faire comprendre, aux puissances alliées, le péril qu'elles courent elles-mêmes. Elle doit leur demander hautement : si leur honneur, basé sur leur histoire, peut tolérer, la haine du nom Français : Et si jamais ces puissances manifestaient leur haine à la République, les avertir (sans menaces car cela ne dépendra pas de nous) que cette même haine pourrait tourner à leurs désavantages en compromettant, dans leurs propres pays, l'existence de leurs dynasties.

Et par là, leur faire comprendre, que cette alliance, nullement provoquée par la France, est faite toute au profit de la Prusse craintive ; et non plus contre un pouvoir usurpateur qui pourrait s'établir en France; mais qu'elle est faite contre le régime, que les Français se sont librement donné, et pour lequel depuis 1789 ils ont fièrement lutté.

Bien établir à la face de l'Europe et lui faire déclarer si elle en veut au peuple Français où à la République Française.

Si la France, dans sa réserve expectante, prolongeait cette situation ; notre conduite ne serait plus celle d'un peuple recueilli, mais celle d'une nation qui a peur.

Cette politique doit être mesurée et prudente, tranquille et nullement tapageuse, bienveillante ; il ne faut pas vouloir obtenir, en un jour, ce qu'il faut des années pour faire comprendre.

Elle doit être menée, avec cette bonté du cœur qui caractérise les grands peuples, ne craignant pas la guerre et désirant ardemment la paix. Ne point provoquer d'explications superflues ; les exiger, au fur et à mesure que l'on avance, plus catégoriques et sincères. Se méfier des chicanes et des interprétations fausses et mensongères ; Se bien maintenir dans le droit et le devoir ; et surtout respecter les sentiments qui ornent l'idéal d'un pays.

Mais, que dis-je, cette exquise délicatesse du peuple français, n'a pas besoin d'être aprise en France. C'est son instinct, c'est l'essence même du caractère français. Par conséquent, si les peuples alliés veulent marcher de pair, avec nous, et s'ils ne veulent pas se déshonorer, leur gloire est toute tracée par la nation Française Ils doivent respecter nos sentiments ; désapprouver leur alliance dirigée contre nous et flétrir les menées tapageuses de la Prusse.

Autrichiens et Italiens seriez-vous les achetés de la Prusse contre la liberté des peuples ? Ah ! tout est admis, sauf à ne pas se laisser abuser ; sauf à ne pas permettre à une nation voisine, ses menaces fanfaronnes, appuyées du nom de deux puissances essentiellement civilisatrices qui, se respectant, sauvegardent, avant toute autre chose, leur dignité qui ne doit pas être intentionnellement cajolée. Oh ! ne vous alarmez pas ? Ne dédaignez pas nos luttes intestines, qui seront l'apanage du progrès à venir. Un peuple ne passe pas, d'un état à un autre, sans luttes, sans désespoirs et sans déchirements. L'alarme que vous sonnez, avec tous les tocsins de vos communes, je vous le dis sans crainte, se tourne contre vous et par vous !

Vous n'avez point suivis vos intérêts en vous mettant entre les mains de la Prusse.

Vous autrichiens pour l'invasion qui vous menace et vos

prérogatives perdues en Allemagne ; toi Italie pour la prépondérance que tu prétends acquérir dans la Méditerranée. Une Nation, autrement funeste dans ses conséquences dominatrices, ronge mieux cette prépondérance, contre laquelle tu t'envenimes de jalousie et de fureur. L'Egypte ne nous appartient plus : la désunion des deux races lui en facilite la conquête et l'occupation.

Votre bonne foi surprise par la haine que vous portez à l'idée républicaine en France vous a aveuglés à tel point à vous faire méconnaître quels sont vos intérêts. Tant pis pour vous autres : cela vous apprendra davantage à ne plus vous passer d'un peuple libre qui, respectant l'amour propre de ses voisins, entreprend, malgré eux, leur bonheur de paix et de conservation.

La France a le droit, après la situation qui lui est faite, d'exiger des puissances alliées des explications catégoriques et formelles ; de savoir, par elles, quel est le sens de leur alliance et de voir à quel but elle aspire. En un mot, elle est en droit de déchirer tous les Mystères qui recouvrent cette prétendue ligue de la paix ; le but se pouvant éclaircir et la politique devenir moins âpre et plus sereine. A chacun de prendre garde aux convoitises ; aux puissances étrangères de répondre sans mépris et avec noblesse ; et à la France d'agir avec insistance et pénétration : avec sagesse, modération et respect.

Tu vois donc, mon cher César, le beau rôle qui incombe à la politique Française : regagner les peuples qui semblent nous échapper, et rattrapper leur estime, en leur faisant voir que le péril n'est pas en France mais plutôt en Prusse.

Ainsi, tandis que notre diplomatie travaillera au bonheur de tous les peuples, à seule fin d'éviter les calamités d'une guerre générale, nous, nous travaillerons par tous les moyens possibles (militaires et civils) à nos forces intellectuelles et morales pour que ces mêmes calamités ne nous surprennent pas et nous ne prennent plus au dépóurvu.

Donc, deux choses sont essentielles en France : une diplomatie clairvoyante, menée par des diplomates de talent et de tact qui, s'inspirant du présent, aplaniront l'avenir ; et, généreux, feront oublier nos torts en pardonnant ceux de nos ennemis ; et une armée, capable de soutenir n'importe quel choc, conduite par des généraux, solides et intrépides lesquels, s'animant de sentiments sublimes, ne reculeront pas devant le devoir qui s'impose. Plus que tous les autres corps de l'état ils doivent se méfier de la routine et des idées préconçues ; et en se défaisant de celles-ci, ils doivent fortement appuyer la tactique nouvelle aux engins nouvaux et perfectionnés, dont on ne vous apprend pas l'expérience ni le mécanisme, trop préoccupés que vous êtes de vos théories d'école et de votre instruction à la caserne, faite au préjudice de l'instruction pratique qui se gagne dans les travaux en campagne et dans le maniement de toutes les armes. Il vous en faut avoir l'habitude pour vous en servir d'un œil sûr et certain au moment de l'action. Il est temps. Attention aux lacunes ; n'en faites pas l'expérience au moment de la Patrie en danger. Il serait trop tard ! (1).

Et tous généraux et diplomates, accompagnés de cette pléiade de soldats, qui est le peuple, forte et nerveuse, et prête à toutes les éventualités de la guerre. Pléiade, qui, au plus haut dégré, doit imposer à ses chefs le devoir et les conseils réciproques que nous nous devons mutuellement ; et cette politique de sagesse dont le caractère principal sera la bonté et l'energie.

Eh Bien ! maintenant que penses tu ? Toi comme militaire tu travailles à la grandeur de ton pays ! Et nous, comme artistes nous ne devrions pas le faire ? Ah çà ? où sommes-nous ? dans la lune ou dans les nues ! Tu me diras peut-être, que j'aurais pu le faire autrement et sans avoir besoin d'invoquer le nom de ton père.

(1) *Voir la note à la fin.*

Dis donc, O ami ! depuis quand, est-on devenu maître de mon inspiration artistique ? que je sache, Dieu seul en est le dépositaire ! Si, bien entendu je reste dans les règles de la bienséance et de l'honorabilité. Mais, tu vas me dire : que je devais, tout au moins, t'en demander la permission. Pourquoi, devais-je te faire sortir de ta modestie ? Je ménageais une surprise et pour toi, et pour le Public ; et pour rien au monde je n'aurais voulu faire savoir ton consentement à la manifestation que je méditais. Elle ne m'aurait pas parue aussi belle T'en demander l'autorisation c'était la faire avec trop de réflexion ; et, souvent les œuvres d'art perdent en celà, elles ne paraissent pas aussi belles ; elles le sont, plus passionnément, lorsque spontanées et libres, presque miraculeuses et naïves, elles prenent essort sans difficulté comme sans limites.

Lorsque j'imaginais ce motif d'angle, je pensais à trois augustes noms à la fois : la dame Gaffori, le colonel Suzzoni et le colonel Graziani. Le premier sujet ne me paraissait, pas d'actualité ; le second l'était, ainsi que le troisième. Pourquoi, ai-je préféré le colonel Graziani ? Parce que, enfant de Bastia, nous devions l'honorer le premier. Je me suis arrêté à cette idée ; elle fixa mon attention ; et je crayonnai. Ai-je réussi ? tant pis si j'ai échoué.

Les qualités de notre héros ne doivent pas ici trouver ses louanges. Un maître et professeur distingué en pourrait faire de bien longues. Et je m'étonne que l'université Française n'ait pas encore songé à rendre l'hommage nécessaire à la mémoire des anciens élèves qui sont devenus plus tard la gloire la plus éclatante de la Patrie.

Honte ! à vous, ô professeurs ! qui dormez à l'ombre de vos lauriers pédantesques ! alors que vous devriez vivre un peu des lauriers que l'on doit à la gloire, à la reconnaissance !

Oh ! faisons taire nos sentiments d'orgueil ! et, comme les anciens, prenons à honneur de nous raconter nos héros ! Vivons avec eux ! Prenons-les là où ils sont ? Sans prendre garde aux familles et sans jalousie d'où ils sortent ?

Plaie monstrueuse que la jalousie ! Elle tue nos sentiments de candeur et de bienveillance Quelle soit maudite à jamais ! Elle fait que nous ne nous écoutons pas ; et souvent nous nous crachons au visage, ces mouvements de dépit et de dédain, marques insignes de l'impolitesse la plus outrageante et de l'éducation la plus viciée ! Elle nous dégrade, nous paralyse et nous ravale aussi bas que la brute.

Dans le monument que je viens d'exécuter, ai-je, mon cher César, obéi à ces sortes de sentiments ? Il me semble que non ! J'ai pris mon héros, là, où je l'ai trouvé ; sans faire attention s'il était ton père et sans me préoccuper si mon choix pourrait faire tort ou plaisir aux familles qui le réclament tout leur, avec autant d'insistance ; et en ceci vous devez m'en être plus reconnaissants que si j'avais agi dans l'espoir absolu de vous plaire. J'ai agi par pur patriotisme et j'ai pensé que moi commençant, les autres viendraient après ; et alors notre épopée se trouverait écrite dans nos rues, sur nos places et sur nos façades.

Y a t-il regret à cela?

Je ne me rappelle plus de quelle façon les grecs s'expriment, mais si j'ai bonne mémoire, ils disent à ce sujet des choses fort judicieuses :

« Les rues d'une ville, après qu'elles obéissent aux
» conditions d'hygiène, doivent remplir celles de la beauté
» et de l'utile. Elles doivent être parsemées de bons et
» beaux édifices, de très jolis monuments, capables d'en-
» tretenir, dans le cœur de la jeunesse, ses instincts de
» hauts goûts et de sentiments élevés. On ne saurait trop
» les cultiver dans ces sortes de sentiments, qui font la
» force des âmes juvéniles et celle des cités intrépides,
» soucieuses de leur avenir et de leur moralité. Souvent
» l'amour des richesses les gâte et les font tomber en
» décrépitude. Les jeunes gens ne doivent pas s'habituer
» à trop compter ; ils doivent craindre les caprices de la
» mode : car alors ils deviennent corrompus, intrigants et

» stupides; leurs jeunes esprits suspendus, à tous les ins-
» tants de leur vie, aux vices de la luxure et de l'avarice,
» tourneront leurs occupations journalières vers les appâts
» des plaisirs et de l'or. Ils apprendront les sciences et les
» arts pour s'en faire des instruments de richesses et de
» convoitises, sans bénéfices pour la cité. Et l'égoïsme,
» perpétré de richesses et d'envie, tournera toutes choses
» à leurs profits, ne leur permettant plus le travail de la
» richesse publique, sinon la convoitise de leur fortune
» particulière. Et ainsi, triste état du cœur ! Ils prendront
« à dédain tout ce qui n'est pas propre à les enrichir et se
» moqueront de tout le reste.

» Sans crainte de nous tromper, nous affirmons que
» rien n'est plus funeste à l'état. »

Il est évident que si je n'eusse pas dépensé, dans ce motif d'angle, douze à quinze cent francs, j'eusse eu plus de gain et mieux satisfait mes appétits d'avarice et de cupidité.

Tel que ce peuple ionien qui, pour conserver intact le souvenir des méfaits de leur lâche ennemi, maudissait la réparation de leurs temples profanés par ceux-ci, nous aussi, nous devons conserver inoubliable l'atrocité prussienne.

A Paris, on a osé réparer le palais de l'Institut ; on n'aurait pas dû le faire ! Il fallait le laisser tel que les bombes l'avaient endommagé. L'opprobe en eût été mieux infligée ; les étrangers eux-mêmes eussent appris à connaître ce que peuvent le vandalisme et la haine d'un peuple barbare.

. . . .
. . . .
. . . .

Ainsi donc, mon cher César, point de fausse honte. Tout est fait : la dépense, le buste et le reste. Comme tout monument, ce petit motif d'angle a sa devise qui est, en même temps le fond, de ce long et petit écrit :

« La vertu du sage ? — est son amour du respect pour ses concitoyens ; est son désir encore de les voir s'élever au-dessus des devoirs qu'ils doivent à la patrie. »

Ecrit le 25 Novembre 1888.

A. NARDINI.

Bastia, le 24 juillet 1889.

A PROPOS DE L'INSTRUCTION MILITAIRE

Quoique cette discussion soit préalable, je ne pourrais pas l'empêcher de la faire suivre d'une observation qui, si elle n'est pas flatteuse pour nos chefs de corps d'armée, n'est pas offensante.

Elle n'a pas à froisser l'amour propre de personne ; elle a, tout au plus, à éveiller l'attention de chacun.

Un bon chef est celui qui, sait écouter toutes les observations, se les approprie, les fait siennes : surtout, s'il s'aperçoit qu'elles sont faites avec cet amour qui va au bien et que calquent, si avantageusement, les bonnes intentions.

La mobilisation est absurde telle qu'elle se pratique en France. Il y a trop de méthode et nullement élan. Elle s'attache aux détails et ne court pas à l'ensemble.

Le système de mobilisation que nous avons en France est prussien ; il devrait être français ; conforme à ses aptitudes, à sa nature prompte et svelte, impétueuse, essentiellemen agressive.

Ce à quoi, il faut s'appliquer, dans les troupes françaises pour pouvoir les contenir ? il faut s'appliquer à leur donner l'élan dès les premiers instants, sans hésitation et malgré quelque erreurs. Le soldat français est assez débrouillard, dans son élan, qu'il parre sans difficulté à ces fautes de détails à moins que ces fautes ne soient une hérésie.

Le soldat français bien lancé a toutes les patiences ; celles de la défensive, comme celles de la retraite ou de l'attaque. Mal lancé, il n'en a plus aucune se décourage et murmure · il *marrone* et s'enrage. Il n'y a rien qui le fasse autant *bisquer* que l'hésitation de son chef ; car lui, il n'en a pas.

Montrez-vous toujours intelligent avec lui. Il est passionné pour la discussion ; il ne reçoit rien à priori ; de toutes choses, il lui en faut plusieurs preuves. Il rit très volontiers, si vous ne savez pas lui prouver la valeur des choses. Il aime les enjeux de l'intelligence ; il comprend à l'instant, ce qu'il ne comprend plus tout de suite après ; donc prenez-le en cet instant.

Dans toute action qu'il envisage, il lui faut la démonstration du cas impossible, si non, il l'entreprend, et fermement ; s'il recule, il n'en peut plus.

Il est doux autant que brusque ; il faut qu'il aime, il sent le besoin d'être aimé. Il est d'amour ! Plein de confiance et confident, il aime surtout son chef ; aussi, à quelques rares exceptions près, prenez-le toujours par la douceur. Il ne veut pas être *malmené*. Il veut obéir par affection. Il veut, absolument, que son chef soit capable. Et comme il est fier de son chef très-instruit !

Gai et sans emphase : prenez-le maintenant, dans les circonstances les plus terribles. S'il sent qu'il a fait tout son devoir, ou qu'il va remplir sa mission, soyez morose, triste, abattu, consterné, autant qu'il vous plaira de l'être, ayez toutes les appréhensions, il vous faut, avec lui, être content et rire, quand même.

Il chantera toujours, après, comme avant une dure journée. Il n'a rien fait, s'il lui reste encore à faire. En avant, et *tire la rigole !*

Insouciant, et comme insipide, il ne le devient que dans l'abattement extrême de son courage. C'est alors qu'il se *f.... de tout* ; de l'honneur comme de la honte : que lui importe la victoire et la défaite, sa famille et la patrie ; être Prussien ou pendu. Il est pétrifié ; rien ne le préoccupe plus ! Il fait pleurer !

C'est, peut être, le seul soldat de l'Europe qui aie ce défaut, monstrueux, il est vrai ; mais il marque, en même temps, les qualités suprêmes d'une noble et généreuse nature !

Plutôt, sous le couvert de ses saillies spirituelles et fines de son esprit, maussade que méchant, il ne connait pas la haine. Il se bat avec fureur, acharnement, frénésie, par la raison toute simple, qu'il est vaillant. Il n'est pas poltron !

Or la mobilisation, en France, est elle le corollaire de ce caractère français ? Je n'hésite pas à répondre qu'elle en est l'antipode ! La mobilisation en France, est à révolutionner.

Oui, et sans idées préconçues, il faut incontestablement l'approprier au caractère et à la nature française. Son sol, sa répartition géographique s'y prêtent à merveille.

La nature nous enseigne, dans l'intérêt de notre conservation, que pour mieux entrer dans l'offensive, il faut être tout entier, concentré dans la défensive, même dans notre repos le plus absolu. C'est-à-dire, qu'elle n'attend pas à être attaquée pour rester constamment dans son état de défensive. Elle y reste, entièrement absorbée, pour de là, entrer inopinément dans l'offensive, si une attaque, se produit : car alors le seul moyen de se défendre est d'attaquer inopinèment et sans merci.

S'il est bien vrai que les Romains, dès qu'ils s'apercevaient de la supériorité des armes de leurs ennemis sur les leurs, se les approppriaient ; il est encore vrai qu'ils ne le faisaient pas seulement en hommes de peu d'esprit, mais ils le faisaient en hommes très intelligents ; ils se les appropriaient d'une façon remarquable ; il les faisaient tellement leurs, tellement en rapport avec leurs personnes, leurs corps et leurs muscles, qu'ils ne ressemblaient plus en rien aux engins pris sur leurs adversaires. En un mot, ils devenaient Romains. Mais aussi dès que par eux-mêmes, ils avaient trouvé des moyens de combat, supérieurs à ceux qu'ils avaient perfectionnés, ils les abandonnaient, sans coup férir, sauf, à retrouver après d'autres moyens et d'autres ressources.

Ne nous fâchons pas ! S'il est vrai ceci, il est encore

vrai qu'ils n'étaient pas routiniers ; ils devaient avoir l'habitude de la raison et du discernement. Ils avaient l'usage des facultés mentales ; ils en avaient peut-être les vices : mais ils n'avaient pas ces sortes de coutumes érronées et malfaisantes, qui placent une catégorie d'hommes en dehors du mouvement social qui se prononce. C'est qu'alors le chef vivait avec le peuple et le soldat : il était lui et eux. Ce que vous ne faites pas, généraux et officiers de notre époque, vous ne vivez pas avec lui, vous ne communiquez pas avec eux. Vous vivez en dehors et de lui et de ceux-ci ! Et comment voulez-vous le connaître ? Connaissez-vous seulement quels sont ses désirs ?

Vous les connaissez tellement peu que vous êtes en rébellion constante et contre eux et contre lui, contre nous et contre nos mêmes aspirations et désirs

Molière, comme les Romains, prenait son bien où il le trouvait, mais il l'appropriait à son génie, le faisait sien, son individualité ; et le faisait vivre avec l'époque dans laquelle il vivait : aussi Molière est le plus grand génie du monde, et Rome la plus forte puissance de la terre.

Ils avaient l'un et l'autre une profondeur de jugement que nous n'avons pas, et que notre paresse nous refuse à acquérir aujourd'hui. Molière, dans ses pièces, ce qui le préoccupait le plus, c'était le fond de son sujet ; les détails, la forme l'inquiétaient peu ; ils viennent si le fond est bien compris

A votre tour, voyez quel est le fond de votre mobilisation ?

Elle est d'un état despote qui a peur, si le peuple est armé, qu'il ne s'insurge contre un pouvoir usurpateur.

Que ce système convienne à la Prusse, j'en conviens ; mais à la France ? non. Il n'est pas en relation parfaite avec l'esprit et le génie du peuple français ; il n'est pas en harmonie avec ses aptitudes; il n'est pas d'un peuple qui s'évertue et s'étudie à devenir libre.

Vous regardez la superficie des choses, les fautes de

détails, sans en comprendre l'ensemble; et vous allez prendre pour une divagation ce qui est le fond même du sujet, de la discussion, moins la forme.

Je fais pressentir le système, n'est-ce pas assez ? Seriez-vous assez mésintelligents pour ne pas comprendre ! D'ailleurs vous-mêmes ne l'aviez-vous pas deviné ? Vous n'avez pas osé en faire l'expérience; l'étude des détails vous encombrait.

Un allemand a dit : « Nul ne peut être bon homme de guerre s'il n'a de sentiments élevés. »

Sont-ce des sentiments élevés, l'antichement, l'entêtement ? le vouloir d'une chose en dehors, en contradiction flagrante, le travers des qualités intellectuelles d'un peuple du milieu dans lequel elle doit vivre ?

Si ce sont là vos sentiments élevés, honte à vous ! Arrachez vos grades !

La paresse prime encore en nous, le savoir, l'intelligence des choses, la marche des évènements, l'étude des rapports qu'il faut établir entre les moyens et ces mêmes choses.

Mais il n'y a pas seulement la paresse qui prime, en nous, ce tact de moralisation c'est encore un orgueil dérisoire qui, nous plaçant au-dessus de la nation, nous fait planer au-dessus du peuple

Vous ne vous croyez pas sa partie, son bien, le dépositaire de ses pouvoirs. Comme les anciens nobles, vous ne voulez rien recevoir de lui ; et le jugeant toujours corvéable, vous le déconsidérez autant et mieux qu'une machine automatique.

Vous vous insurgez contre lui, vous faites les mauvaises têtes, et vivant dans l'arrogance de vos propres envies, vous tournez le dos à ce peuple, parce que, ne voulant pas condescendre à vos aspirations, veut absolument que vous rentriez dans les siennes. Ne vous morfendez pas et point de jugements faux ! Ayant abaissé vos cœurs à l'abaissement d'une domination tacite, vous pensez que l'étoile de la France ait pâli et que ses enfants ne soient plus les enfants de leurs prédécesseurs.

Non ! La France est encore la grande puissance qui porte bien haut le fanion de la Liberté. Son peuple est encore animé des mêmes vertus guerrières de leurs ancêtres. Il est encore le peuple des peuples ; il est encore l'exclamation du prince d'Orange : « Oh ! les braves gens ! » Il sera encore le rapport sincère de ce de Villars : « Depuis deux jours nos soldats ne mangeaient plus ; enfin, nous étions parvenus à leur distribuer une ration de pain, lorsque l'ennemi se présente à nous. Aussitôt nos soldats jettent leur pain et courent sus à l'ennemi. Nous faisons des miracles. » Oui ! il sera encore le lion moderne, le lion de la civilisation !

Prenez garde d'en être encore les agnaux conducteurs !

Et, dans votre mépris, de bévues en bévues et de dégringolades en dégringolades, vous pensez encore aux citoyens obscurs, au détriment de la société qui pense aux citoyens éclairés et libres. Vous reniez ainsi l'ardeur française qui est l'auréole de toutes les gloires ! Et continuant toujours le mouvement descendant des idées préconçues et en dehors de ce que peut et doit vouloir un peuple, vous tombez en déconsidération, même chez vos voisins, vos ennemis ! Tenez, (et que l'on m'entende bien) voulez-vous que je le dise bien haut, à la face de toute l'Europe ? « *Nos ennemis se méfient plus du peuple français que de vous autres !* » (1).

(1) J'ai assez voyagé en Italie pour y avoir entendu maintes fois, ce propos, tenu par des officiers italiens eux-mêmes : « *O, si ! il popolo francese e bravo, buono* ; *ma i loro generali non valgano nulla* ; *non capiscano quel popolo.* » O, si ! le peuple français est brave, bon, mais leurs généraux ne valent rien ; ils ne comprennent pas ce peuple.

Sans rancune, messieurs !

Il est bien temps que celà disparaisse ! Ou vivre avec le peuple, ou s'en aller !

Eblouis de votre gloire éphémère qui faisait du peuple français, un peuple de conquérants ; vous oubliiez sa destinée et le jetiiez dans des aventures sans nombre, apanages de peuples asservisseurs, sans respect pour le peuple vaincu. Tâche infamante ! L'honneur français ne devait pas encourir cette honte !

Non ! là, n'était pas sa destinée !

Halte-là, messieurs ! Ne tourmentez plus la gloire française ! N'oubliez pas que ce peuple français n'est pas votre proie, votre propriété ; il fit 89 ; dénonça Dumouriez, fit Jemmapes et Zurick, créa la tactique nouvelle, releva le droit et le devoir et reconquit ses frontières naturelles dont la limite était la ligne du Rhin !

Vous les avez perdues sans espoir de retour, peut-être ! Ne le narguez plus et sachez qu'il *vaudra toujours mieux pour la gloire des Hoche, Marceau, Kléber, Desaix, Carnot, d'être morts généraux de la République que maréchaux de France.*

Il est bien temps que la France entre, hardiment, dans sa carrière qui n'est pas celle d'un roi, et ne peut pas être celle d'un empereur, mais celle de la *République Française !* Que l'immense réaction s'achève et cesse ses perfidies, sa perturbation scandaleuse de l'ordre public.

La République est à l'amour ce que l'amour est à la beauté : l'idéal de l'esprit humain.

Sus aux pleurnicheurs qui, regardant en arrière, pensent ne pas sauver la patrie, en regardant en avant ! Sus aux méchants qui ne veulent pas combattre, par la raison pure, leurs propres sentiments. Alerte ! car ceux-ci veulent encore vivre dans les frémissements de la Patrie en alarme.

Union et concorde, spontaneité et pouvoir, sont trois conditions essentielles où doit vivre la République. C'est pour celà que nous voudrions une mobilisation comparable dans son vaste mouvement d'ensemble, à ces fêtes du Champ de Mars, à ces jeux olympiques, au vol rapide du vautour se précipitant sur sa proie.

Craignez que ce peuple, à l'instar du peuple parisien, ne vous dise un jour que vous n'avez pas assez fait et ne lui avez pas demandé tous les sacrifices possibles pour la défense nationale.

La patrie l'exige, l'honneur y consent.

A. NARDINI.

A. Nardini